Maledicta

143 Beleidigungen

**Illustrationen
von Flurina Schuler**

*Geleitwort
von Balts Nill*

vatter&vatter.

168 SEITEN MIT
143 BILDERN IN FARBE

Maledicta: lat. für Schimpfwörter, Beschimpfungen

DAS BELEIDIGEN

*Geleitwort von
Balts Nill*

Eine treffende Beleidigung zur rechten Zeit am rechten Ort anzubringen: ein Glücksfall, wenn das gelingt!

Nur wenigen Menschen ist das Talent des Beleidigens in die Wiege gelegt worden. Scheinbar mühelos treffen sie das richtige Wort, den richtigen Ton, die richtige Person. Beneidenswert.

Den meisten Menschen hingegen bleibt oft im entscheidenden Moment die Luft weg, und der Zugang zum beleidigenden Wortschatz ist versperrt. Bestenfalls kann vielleicht gerade noch ein Standardbegriff aus der Tierwelt oder dem Bereich des Fäkalen abgerufen werden.

Doch wie viel reicher und farbiger ist die Palette der Maledicta. Sie umfasst buchstäblich die ganze Welt. In unendlicher Vielfalt findet man Maledicta in Flora und Fauna, in Haus und Hof und selbst am eigenen Körper. Fast möchte man sagen: Jedes Wort und jedes Ding taugt zur Beleidigung.

Doch braucht es eben Feingefühl, ästhetisches Empfinden und die rechte Einschätzung des Gegenübers, um eine Beleidigung mit der nötigen Präzision platzieren zu können.

Viel Übung ist nötig, um es in dieser Disziplin zur Meisterschaft zu bringen. Das vorliegende Kompendium mag eine Hilfe sein.

Denn, nicht wahr: Eine treffende Beleidigung ersetzt tausend Worte.

Verfertigung beleidigender Wörter

Grundsätzlich ist jedes Substantiv beleidigungstauglich.
Neue Begriffe werden nach folgender Methode gebildet:

1. Man stelle sich die zu beleidigende Person vor.
2. Man suche einen Begriff, der in irgendeiner Weise einen Zusammenhang zu einer oder mehreren Eigenschaften der zu beleidigenden Person herstellt.
3. Man setze ein «*Du*» vor diesen Begriff.

Beispiel:
1. *Die zu beleidigende Person trägt oft weisse Hemden.*
2. *Wahl des Begriffs: «Mehl»*
3. *+ «Du»*
= *«Du Mehl»*

Oft führt erst die Kombination mit einem anderen Begriff zu einem befriedigenden Ergebnis: *«Du Mehlsack»*.

Die beleidigende Wirkung kann durch Verstärkungswörter *(huere, ultra usw.)* noch gesteigert werden.

Tipp:
Der gewählte Begriff muss eine gewisse Distanz zu dem zu beleidigenden Wesen herstellen. So hat es keinen Sinn, einen Esel mit «Du Esel» zu titulieren (fehlende Distanz).
Auch sollte der gewählte Begriff ein bestimmtes Gefälle erzeugen. «Du Pferd» stellt für einen Esel keine Beleidigung dar, «Du Hamster» hingegen schon.

Wirkungsgrad

Da es sich bei der Beleidigung um einen intersubjektiven Vorgang handelt, gibt es keine objektive Messgrösse für deren Wirkung. Entscheidend für die Wirkung sind die subjektiven Abneigungen der zu beleidigenden Person. Das heisst, je genauer eine Beleidigung das benennt, was eine bestimmte Person nicht sein möchte, desto grösser ist die Wirkung.

> *Beispiel*:
> *Herr A., Sekretär einer Rockergang, wurde als Kind oft als «Milchbubi» bezeichnet. Höchst wirkungsvoll sind folglich bei Herrn A. milchbezogene Begriffe, wie z.B. «Du Joghurt», «Du Soft Ice» oder «Du Edamer».*

Privatbeleidigung vs. öffentliche Beleidigung

Die Frage, ob eine Beleidigung privat oder öffentlich erfolgen soll, ist unter Fachleuten umstritten. Private Beleidigungen (keine oder wenige Zeugen) können ebenso wirkungsvoll und nachhaltig sein wie öffentliche Beleidigungen (mehrere bis sehr viele Zeugen). Wer ein juristisches Nachspiel anstrebt, sollte auf jeden Fall die öffentliche Beleidigung wählen. Mit Social Media ist die Grenze zwischen privater und öffentlicher Beleidigung ohnehin durchlässig geworden. Eine neckische Privatbeleidigung kann innert Kürze einen weltweiten Shitstorm auslösen (Schmetterlingseffekt).

Kurzform, Kompositum oder Kaskade

Als archaische Vorform der Beleidigung gilt das Spucken. Daraus hervorgegangen ist die einsilbige Kurzform («*hö*»). Die erste verbale Beleidigung eines Hominiden gegenüber einem anderen Hominiden lautete vermutlich: «*Du Aff*».
Das kunstvoll lautmalerische «*Du Depp*» weist bereits auf eine höhere Kulturstufe hin.
Erst mit der Agrargesellschaft kommen Komposita auf wie «*Du Schafseckel*», «*Du Schweinehund*» oder «*Du Ziegenficker*».
Kaskaden wie «*Du abartig elender verdammter grosskotziger ... Scheisser*» zeugen weniger von sprachlicher Virtuosität als vielmehr von mangelnder Treffsicherheit. Von Kaskaden ist abzuraten, wenn das Zielwort unklar ist.

> *Beispiel*:
> «*Du verdammtes, blödes, himmeltrauriges, elendes – – – – dummer Kerl*»

Mit dem Wechsel des grammatischen Geschlechts bricht die Kaskade zusammen.
Einfacher sind Kaskaden im Englischen zu bewerkstelligen, wie folgendes gelungenes Beispiel zeigt:
«*Tiny fingered, cheeto-faced, ferret wearing shitgibbon*» («*winzigfingriger, chipsgesichtiger Scheissgibbon mit Frettchen auf dem Kopf*»)

(Kommentar auf einem schottischen Internet-Forum über die US-Präsidentenwahl 2016)

Artikulation und Lautstärke

Zwar gilt bei jeder Beleidigung: Duktus geht vor Information. Trotzdem (oder gerade darum) sind eine klare Artikulation und eine angemessene Lautstärke von entscheidender Bedeutung. Eine Beleidigung, die ein höfliches *«wie bitte?»* auslöst, muss als gescheitert betrachtet werden. Sowohl zu leises (Flüstern) wie auch zu lautes Sprechen (Schreien) kann die Wirkung erheblich beeinträchtigen. Eine Beleidigung muss mit fester, klarer Stimme vorgetragen werden, gleich einer objektiven, unumstösslichen Tatsache: *«Du Pfeife»*.

... Steht bei Auslassung von bereits vorangegangenen Wörtern oder Wortteilen.

[ ] Zeigt an, welche Begriffe eher nur im deutschen Sprachraum der Schweiz [CH], in Deutschland [DE] oder in Österreich [AU] gängig sind und nicht in allen drei Ländern. Eine klare Abgrenzung ist nicht immer möglich.

{ } Zeigt an, wo es sich um einen fremdsprachigen Begriff handelt, welcher sich im deutschen Sprachraum etabliert hat und gleichbedeutend wie das deutsche Wort eingesetzt werden kann.

— Zeigt an, dass ein Begriff auch ohne Zusatz eines Adjektivs verwendet werden kann.

→ Zeigt Querverweise an

| Zeigt die Silbentrennung an

Diese Sammlung fokussiert sich auf den deutschen Sprachraum. Das Adjektiv «huere» findet ausschliesslich in der Schweiz Verwendung und ist daher im Inhalt nicht aufgeführt. Grundsätzlich kann es aber vor fast jede Beleidigung gesetzt werden.

Die aufgelisteten Adjektive tragen zur Intensivierung der Beleidigung bei. Es handelt sich dabei lediglich um eine Auswahl. Ihr Zusatz ist in vielen Fällen fakultativ (siehe «—» oben). Die Adjektive sind in der Du-Form dekliniert. Beim Beleidigen von Drittpersonen muss der Genus an den Begriff angepasst werden.

Meistens ist es nicht zwingend, dass der Genus der Beleidigung mit dem Geschlecht der zu beleidigenden Person übereinstimmt. Beleidigungen sind grundsätzlich für alle Geschlechter offen, auch wenn es im Sprachgebrauch Tendenzen gibt.

FLORA & FAUNA

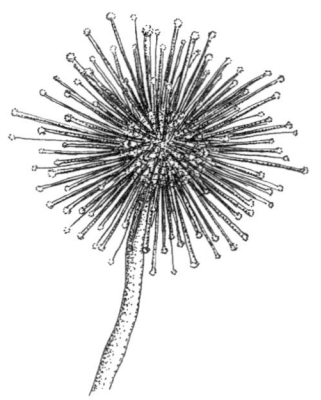

Mi|mo|se, die

verdammte; —

Klet|te, die

verdammte; —

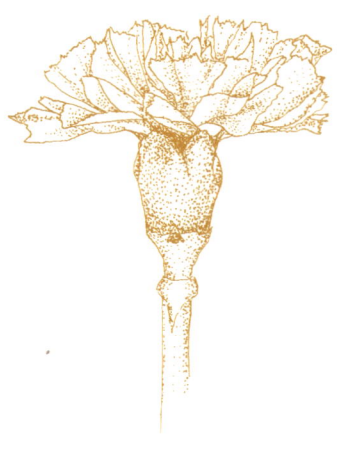

Nel|ke, die; **Piss**- (→ Pisser)

elende; verdammte; —

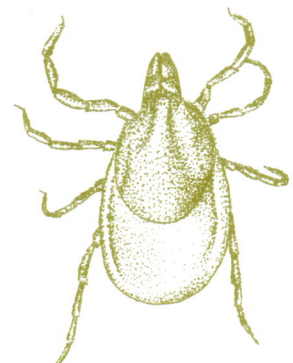

Ze|cke, die; *auch* Schmarotzer, der; Parasit, der; Blutsauger, der

elende/r; verdammte/r; —

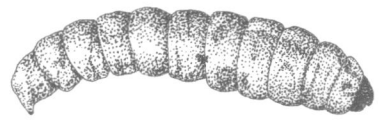

Ma|de, die; *auch* Drecks-; Sau- (→ Schwein)

verdammte; —

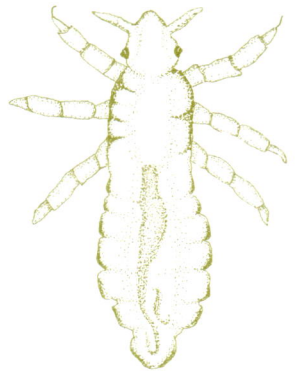

Laus, die; *auch* -mensch, das *[AU]*

elender/s; verdammter/s; —

Kröte, die; *auch* Grod *[AU]*

hässliche; verdammte; —

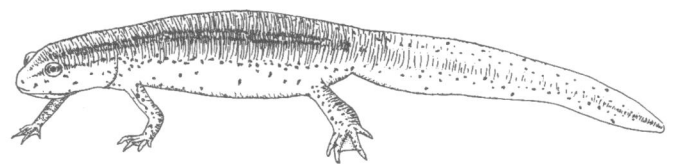

Molch, der; **Lust**-; *auch* Schwanzlurch (→ Schwanz)

verdammter; —

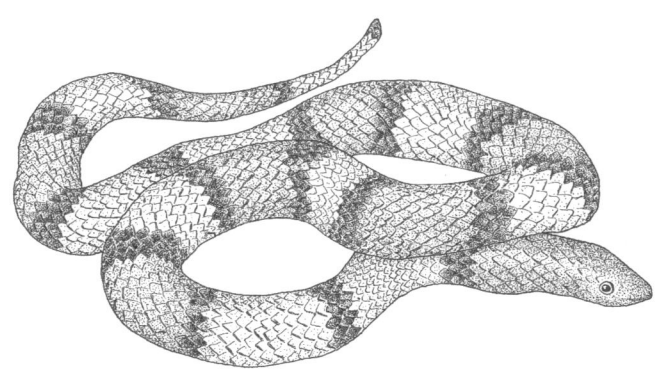

Schlan|ge, die; *auch* Gift-

falsche; —

Schne|cke, die

lahme; —

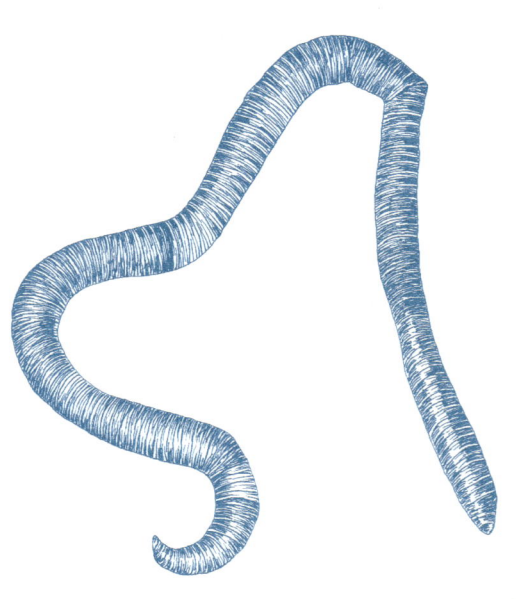

Wurm, der

erbärmlicher

Af|fe, der; *auch* –narsch (→ Arsch); Lack-; *auch* Affi, das *[CH]*

blöder/s; dummer/s; —

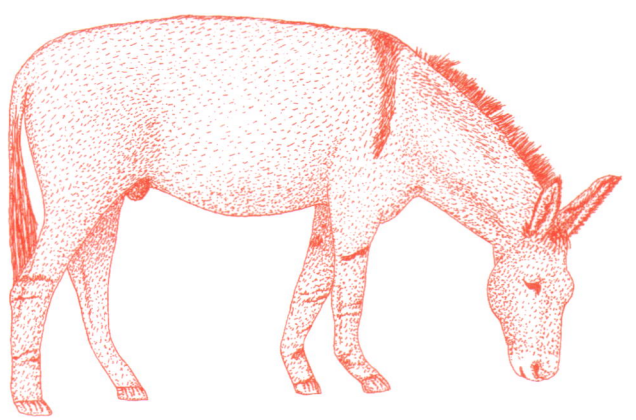

Esel, der

blöder; dummer; —

Ka|mel, das; *auch* Trampeltier

elendes; verdammtes; —

Kuh, die; *auch* Rindvieh, das

blöde/s; dumme/s; —

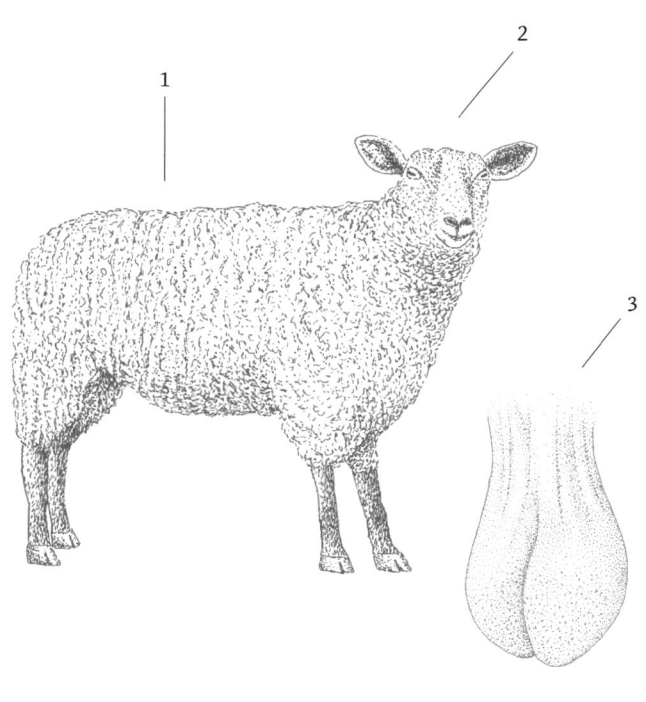

1) **Schaf**, das; 2) **Schafs|kopf**, der; *auch* -grind *[CH]*;
3) **Schaf|seckel**, der *[CH]*

blöder/s; elender/s; verdammter/s; verfickter/s; verfluchter/s; —

Zie|ge, die; *auch* Zicke; Geiss *[CH]*

dumme; verdammte; —

Hund, der; *auch* Hunds-; Sau-; Schweine- (→ Schwein)

elender; verdammter; —

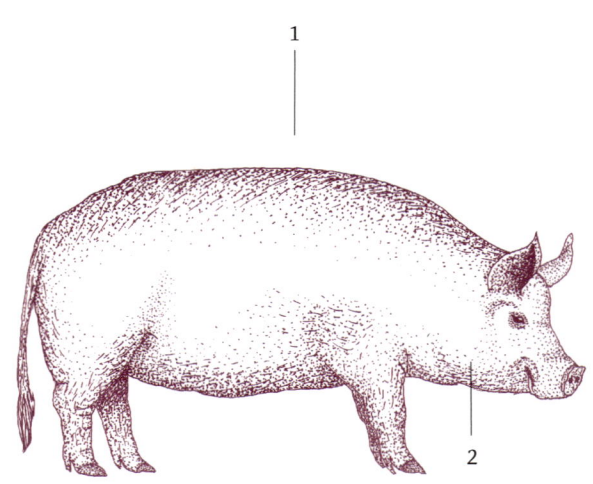

1

2

---

1) Schwein, das; *auch* Dreck-; -ehund (→ Hund), der; -epriester, der *[DE]*; *auch* **Sau**, die; Dreck-; -hund (→ Hund), der; -made (→ Made), die; -grind *[CH]*, der **2) Schweine|backe**, die; *auch* Saubacke

elende/r/s; verdammte/r/s; verfickte/r/s; verfluchte/r/s; —

Hän|ge|bauch|schwein, das (→ Schwein)

verdammtes

Wild|schwein, das; *auch* Wildsau (→ Schwein), die

elende/s; verdammte/s; —

Rat|te, die

fiese; kleine; miese; verdammte; —

1

2

1) Ha|se, der; **Angst-**; **Schiss-** (→ Schiss); **2) Ha|sen|fuss**, der

elender; verdammter; —

Berg|en|te, die; (→ Ente)

schwangere

En|te, die (→ Bergente)

lahme

Dros|sel, die; **Schnaps-**

elende; verdammte; —

Gans, die

blöde; dumme

Gei|er, der; *auch* Aas- (→ Aas)

verdammter; —

Huhn, das

dummes; —

Schnep|fe, die

alte; blöde; verdammte; —

1

1) Spat|zen|hirn, das (→ Hirn)

elendes; verdammtes; —

ESSEN

Aas, das (→ Geier)

—

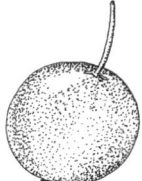

Bee|re, die

blöde; dumme; —

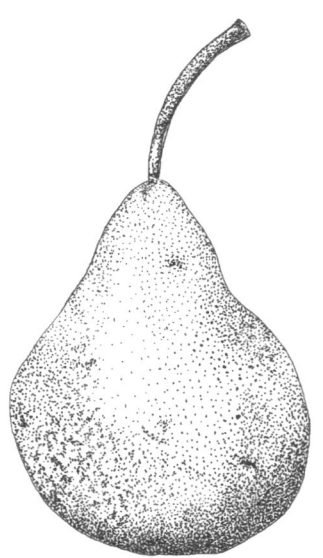

Bir|ne, die; **Siff**-; **Wichs**- *[CH]* (→ Wichser)

hohle; verdammte; —

Po|me|ran|ze, die; **Land-**

elende; —

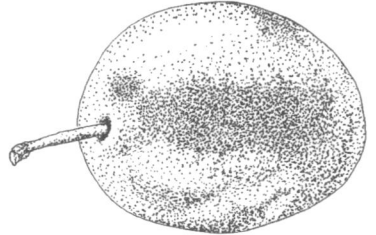

Zwetsch|ge, die

alte; blöde; dumme, faule; —

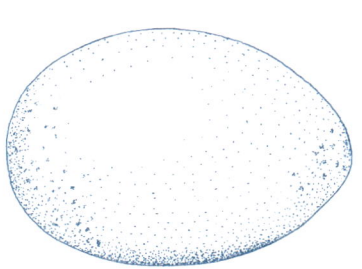

Ei, das; **Land-**, **Weich-**

verdammtes; —

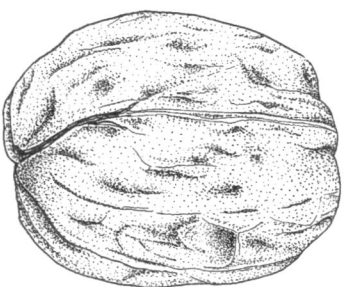

Nuss, die

dumme; hohle; —

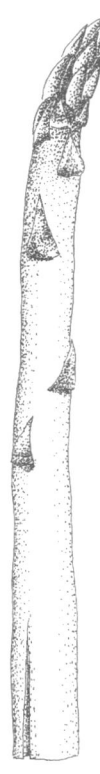

Spar|gel, der; *auch* -tarzan

verdammte/r; —

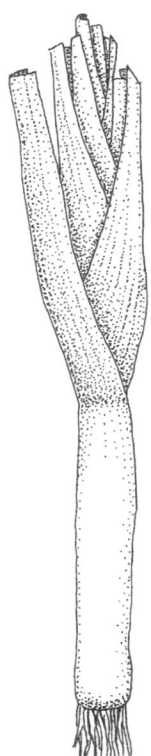

Lauch, der

—

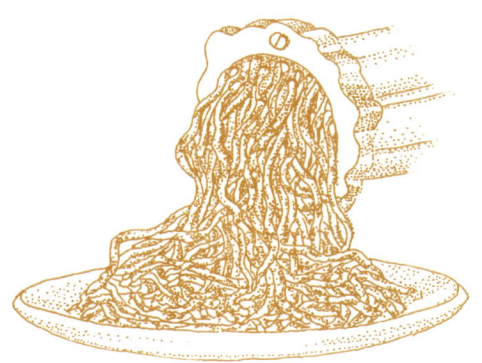

Hack, das; **-fresse**, die

verdammte; —

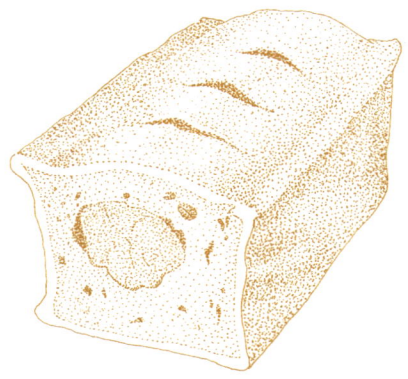

Pas|te|te, die; **Wichs-** (→ Wichser)

verdammte; —

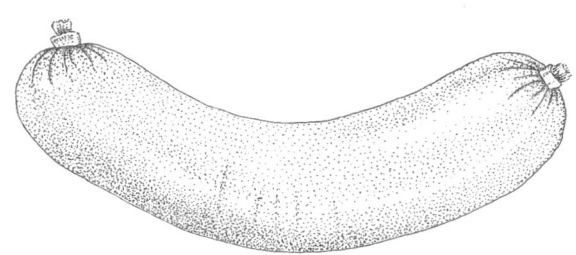

Wurst, die; *auch* Hans-; Leber-; *auch* Würstchen

beleidigte/s; elende/s

Jo|ghurt, das

warmes; —

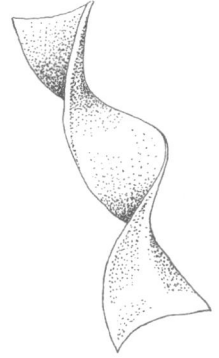

Nu|del, die; **Gift-**

elende; —

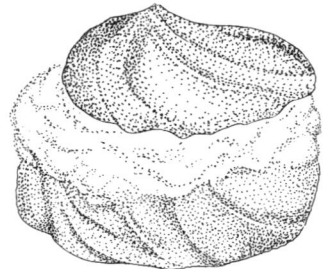

Wind|beu|tel, der (→ Schleimbeutel)

elender; verdammter; —

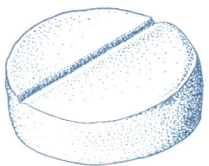

Schlaf|ta|blet|te, die

verdammte; —

KÖRPER

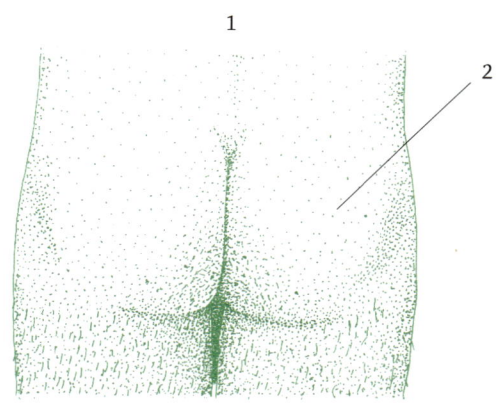

1) **Arsch**, der; *auch* -fresse, die; -gesicht, das; -grind, der *[CH]*, Quadrat-, der; Gorillablau- (→ Affe), der; *auch* **Füdli**, das *[CH]*; -bürger, der
2) **Arsch|backe**, die

aufgeblasene/r/s; verdammte/r/s; verfluchte/r/s; —

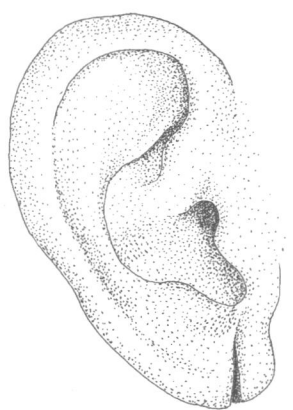

Schlitz|ohr, das

verdammtes; —

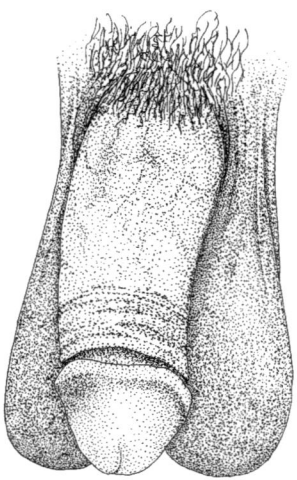

Schwanz, der; *auch* Schlapp-; -gesicht (→ Schwanzlutscher), das; *auch* dickhead *{engl.}; auch* **Schnäbi**, das *[CH]*; -zägg, der *[CH]*

elender/s; verdammter/s; —

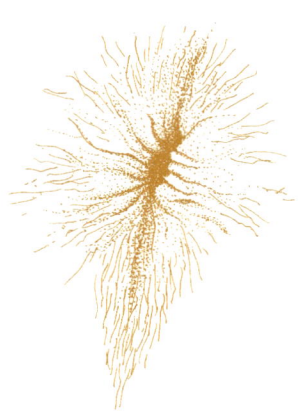

Arsch|loch, das; *auch* asshole *{engl.}*; A-Loch

aufgeblasenes; elendes; verdammtes; —

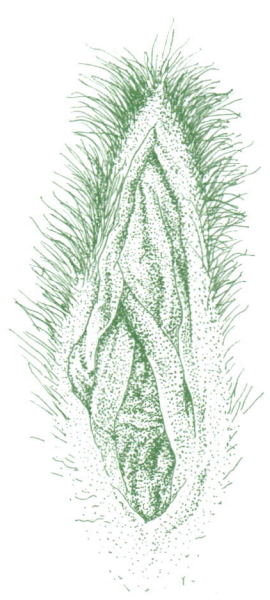

Fot|ze, die; *auch* Ober-; Arsch- (→ Arsch); *auch* Fuzzi; Pussy

elende; verdammte; —

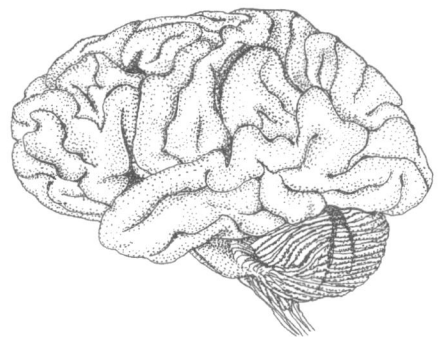

Hirn, das; *auch* -i; das/der (→ Spatzenhirn)

verdammtes; —

1

---

1) Schleim|beu|tel, der (→ Schleimscheisser) (→ Windbeutel)

alter; verdammter; —

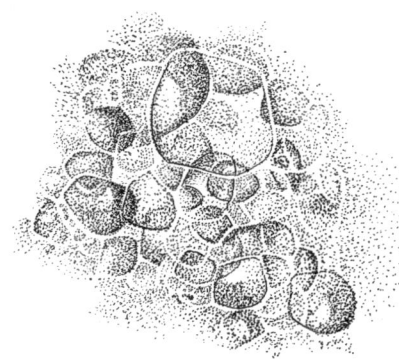

Ab|schaum, der (→ Schaumschläger)

—

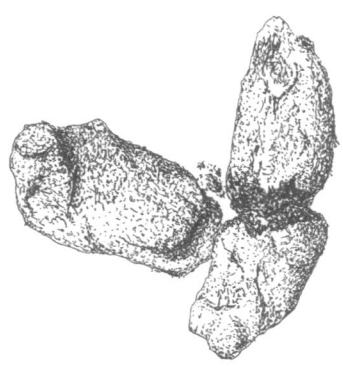

Ka|cke, die *[DE]; auch* ...kbratze; *auch* **Gagu**, der *[CH]*; **Gegel** *[CH]*

—

Kot|ze, die; *auch* ...zbrocken; ...zpfosten (→ Pfosten), der; *auch* Grosskotz

elender; —

Schiss, der; *auch* -er; -li, das *[CH]*; (→ Hase); *auch* **Scheisse**, die; ...skerl, der; Stück –, das; piece of shit *{engl.}*; ...sgrind, der *[CH]*; shit head *{engl.}*

elender/s; verdammter/s; verfluchter/s; verfickter/s; fucking {engl.}; —

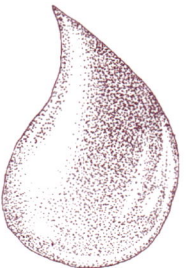

Trä|ne, die; *auch* Tropf, der *[CH]*

verdammte/r; —

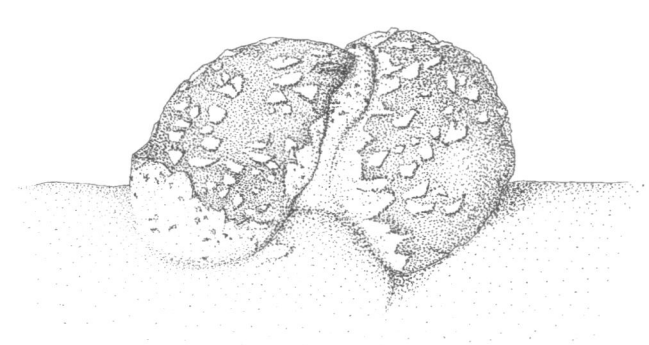

Ge|schwür, das

verdammtes; —

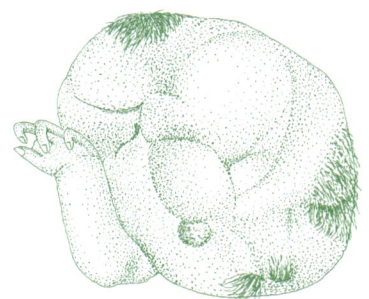

Miss|ge|burt, die

verdammte; —

*Jegliche Ähnlichkeiten mit realen Personen sind rein zufällig.

MENSCHEN & GESTALTEN

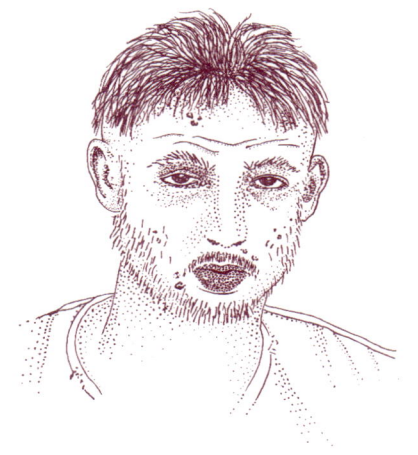

Asi, der

verdammter; —

Bau|er, der; *auch* Schweine- (→ Schwein)

verdammter; —

Bünz|li, der *[CH]; auch* **Spiesser**; Ober–; …sbürger *[DE, AU]*

verdammter; —

Chau|vi, der

verfluchter; verdammter; —

Depp, der

—

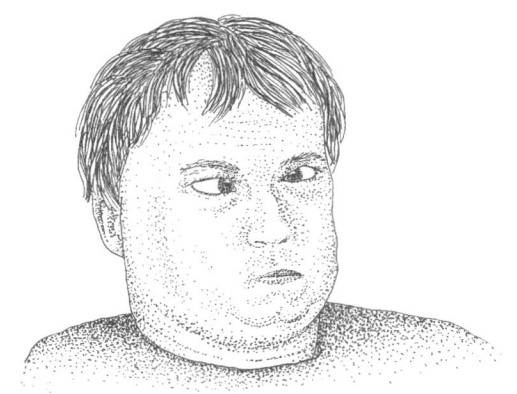

Dumm|kopf, der

elender; —

Eman|ze, die

verdammte; —

Freak, der

elender; verfluchter; —

Ha|lun|ke, der

elender; verdammter; —

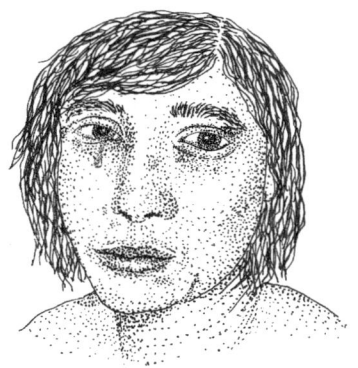

Heul|su|se, die; auch ...liese *[DE]*

elende; verdammte; —

Horst, der; *auch* Voll-

verdammter; —

1

2

1) Hu|re, die; *auch* Nutte; **2) Hu|ren|sohn**, der

verdammte/r; verfluchte/r; —

Idi|ot, der; *auch* Voll-; Fach-; *auch* Honk *[AU, DE]*

verdammter; verfluchter; —

Jun|kie, der

verdammter; —

Kinds|kopf, der

elender; verdammter; —

Lang|wei|ler, der

elender; verdammter; —

Lo|ser, der

ewiger; verdammter; —

Lu|der, das

verdammtes; —

Lu|sche, die

verdammte; —

Ma|cho, der

verdammter; —

Manns|weib, das

elendes; —

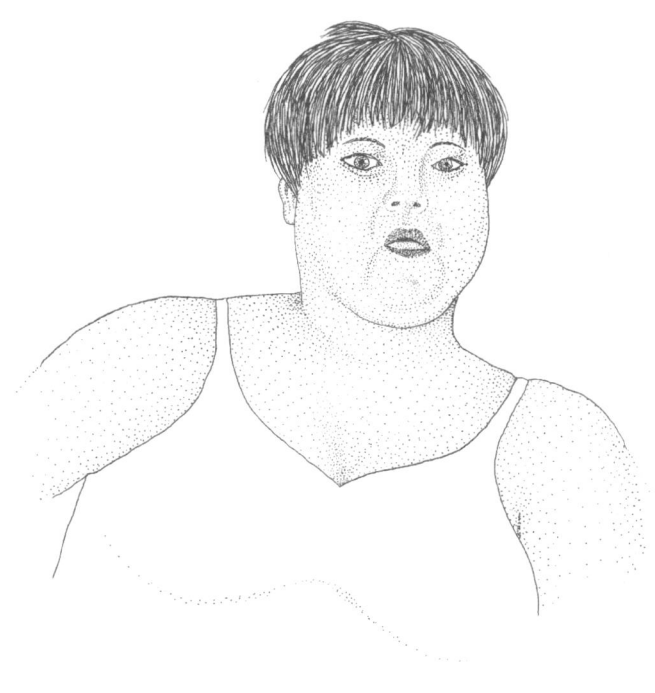

Ma|tro|ne, die

—

Mon|go, der; *auch* Ober-; Voll-; -billi; *auch* Möngi, das *[CH]*; *auch* Behinderter, der

verdammter; —

Mötz|li, der; *auch* -cheib *[CH]*

dummer; verdammter; —

Mut|ter|söhn|chen, das

verdammtes; —

Ne|ger, der; *auch* Nigger *{engl.}*; *auch* **Mohr**; Sau- (→ Schwein)

verdammter; —

Nul|pe, die; *auch* Nilpe *[AU, DE]*

verdammte; —

Op|fer, das

erbärmliches; verdammtes; —

Pflu|te, die *[CH]*

verdammte; —

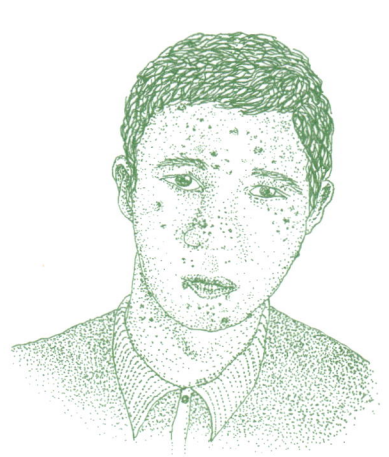

Pi|ckel|ge|sicht, das; *auch* ...lface *{engl.}*

hässliches; verdammtes; —

Pro|let, der; *auch* Prolo *[AU]*, Proll *[DE]*

elender; verdammter; —

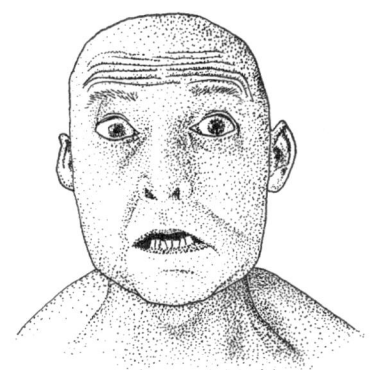

Psy|cho, der

verdammter; —

Schlam|pe, die; *auch* Strunze *[DE]; auch* bitch *{engl.}*

verdammte; fucking {engl.}; —

Schnö|sel, der

verdammter; —

Schwuch|tel, die

verdammte; verfluchte; —

Schwu|ler, der; *auch* Schwulette, die

verdammte/r; —

Sis|si, die

elende; —

Spasti, der; *auch* Spast *[DE]*

verdammter; —

Stre|ber, der

verdammter; —

Stu|dent, der

verdammter; —

Tran|se, die

verdammte; —

Tratsch|tan|te, die; *auch* Tratsche; *auch* Klatschtante

elende; verdammte; —

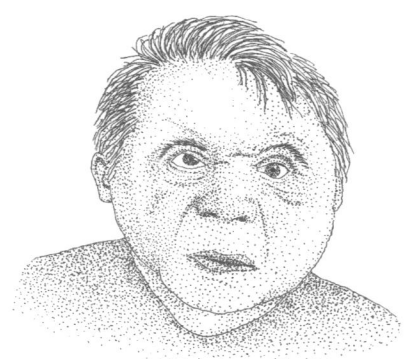

Trot|tel, der

verdammter; —

Zim|per|lie|se, die

elende; —

Auf|schnei|der, der

elender; —

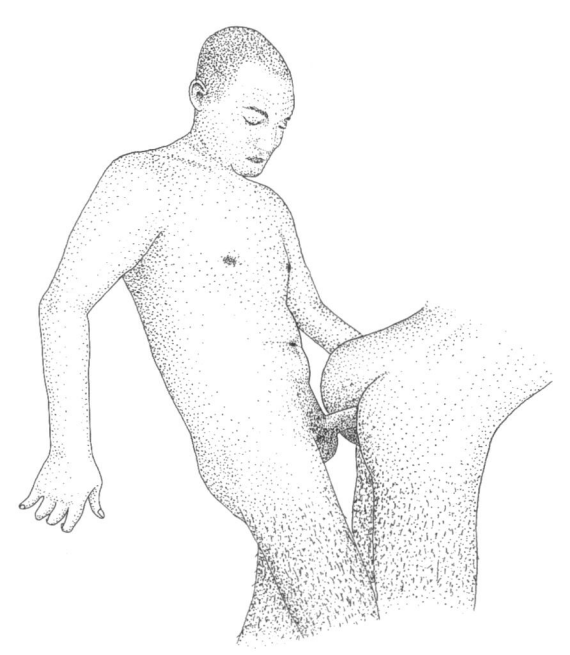

Arsch|fi|cker, der (→ Arsch)

verdammter; —

Erb|sen|zäh|ler, der

verdammter; —

Ho|sen|schei|sser, der (→ Hose) (→ Scheisse)

verdammter; —

Pis|ser, der

verdammter; —

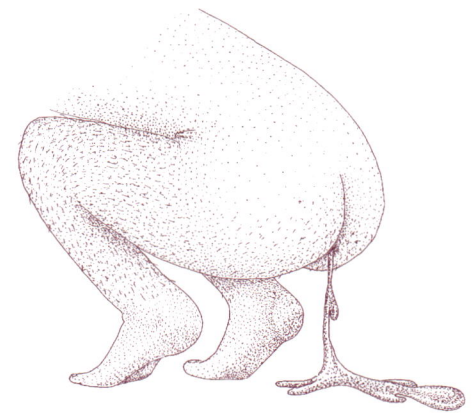

Schleim|schei|sser, der; *auch* Schleimer

elender; verdammter; —

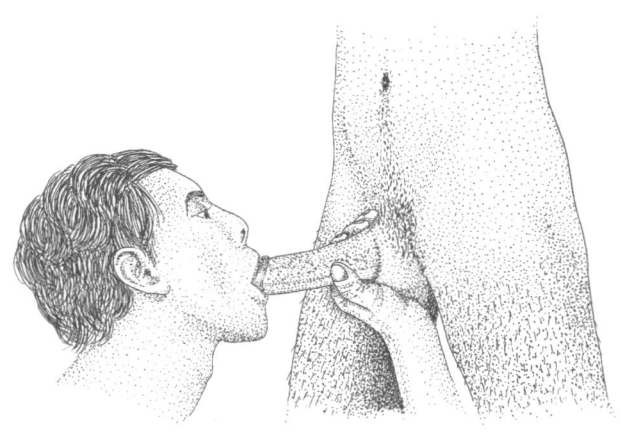

Schwanz|lut|scher, der; *auch* Schnäbichätscher *[CH]* (→ Schwanz)

verdammter; —

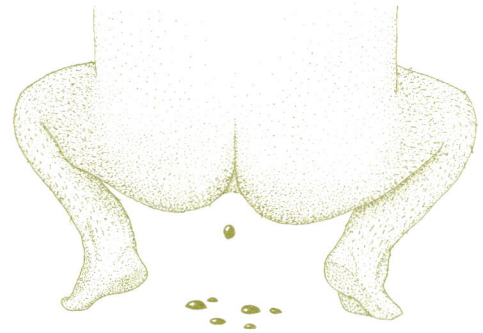

Tüpf|li|schei|sser, der; *auch* Korinthenkacker *[DE]* (→ Scheisse)
(→ Kacke)

verdammter; —

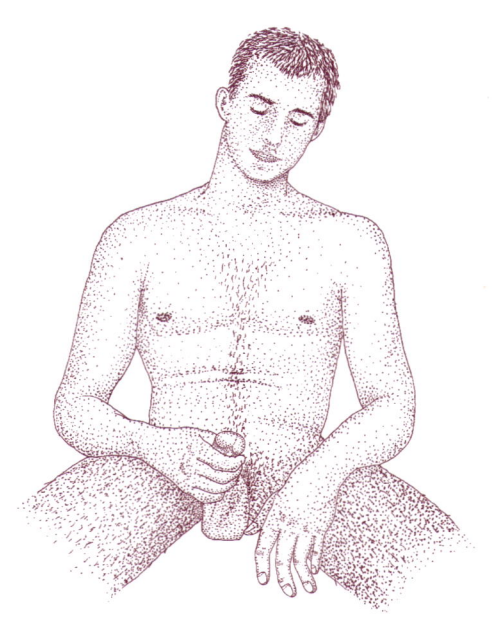

Wich|ser, der; (→ Birne) (→ Pastete)

verdammter; —

Ham|pel|mann, der

verdammter; —

He|xe, die

alte; hässliche; verdammte; —

Narr, der

verdammter; —

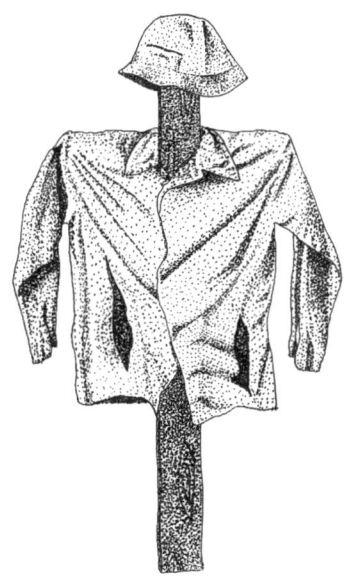

Vo|gel|scheu|che, die

verdammte; —

Zwerg, der; *auch* Gift-

verdammter; —

HAUSHALT

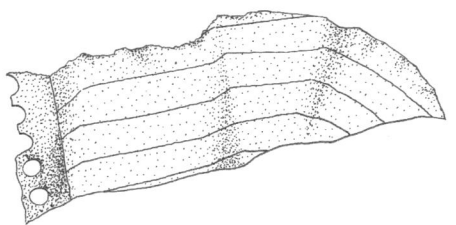

Föt|zel, der

fremder; verdammter

Nie|te, die

verdammte; —

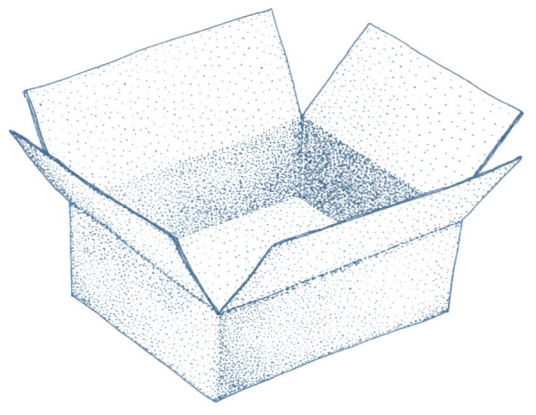

Schach|tel, die

alte; blöde

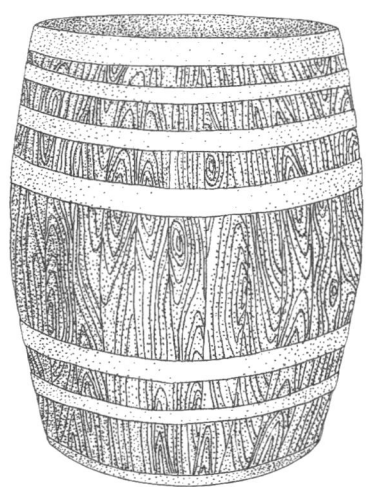

Fass, das

—

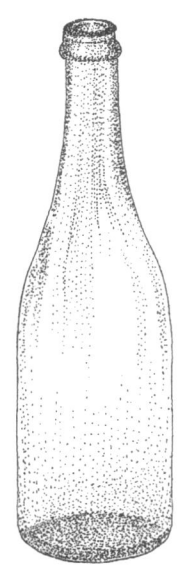

Fla|sche, die

verdammte; —

Sack, der; Fett-; *auch* -gesicht, das

fauler; —

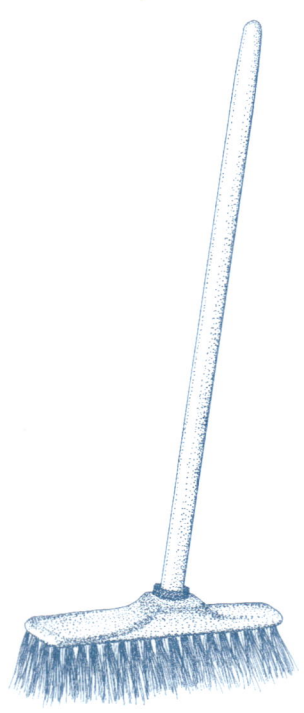

Be|sen, der

hässlicher; —

Bürs|te, die; **Kratz-**

verdammte; —

Boh|nen|stan|ge, die

—

Pfos|ten, der; **Voll-**; **Kotz-** (→ Kotze)

verdammter; —

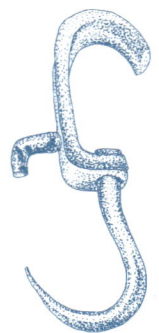

Ha|ken, der; *auch* Hunger-

elender; wüster; —

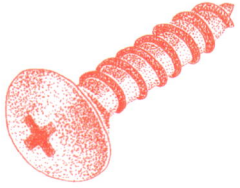

Schrau|be, die; **Schreck-**

verdammte; —

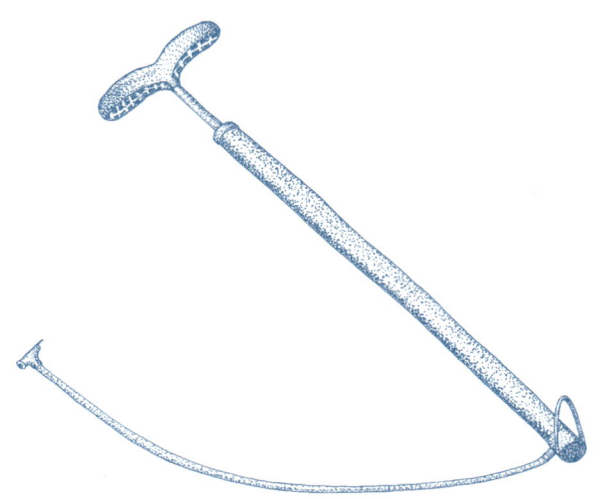

Pum|pe, die

verdammte; —

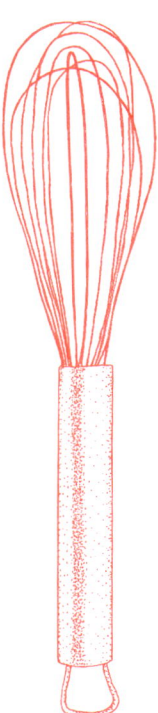

Schaum|schlä|ger, der; (→ Abschaum)

elender; verdammter; —

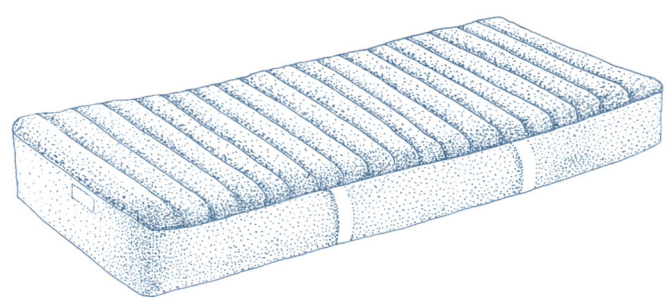

Ma|trat|ze, die; *auch* Dorf-

elende; verdammte; —

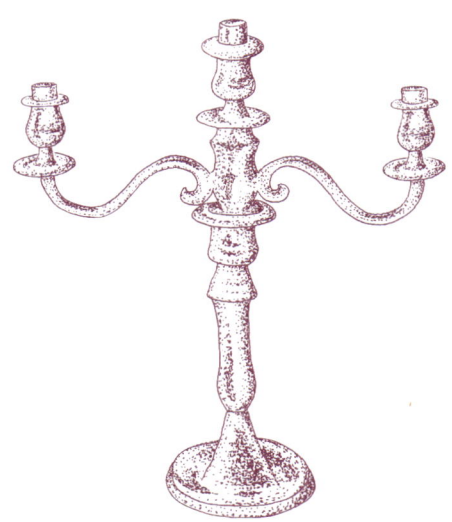

Arm|leuch|ter, der

verdammter; —

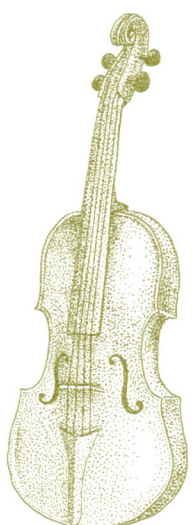

Gei|ge, die; **Arsch-** (→ Arsch), **Trenz-** *[AU]*

elende; verdammte; —

Pfei|fe, die

verdammte; —

Ta|sche, die

blöde; alte; —

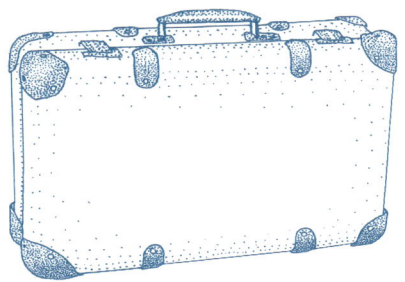

Kof|fer, der; *auch* Voll- *[AU]*

elender; —

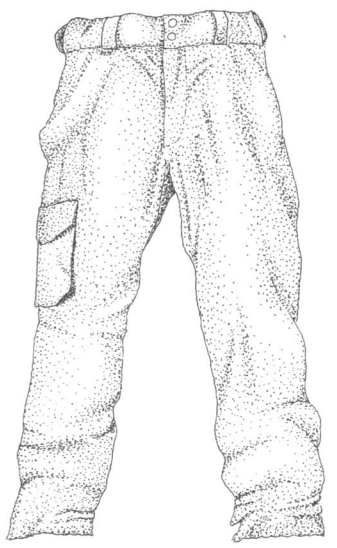

Ho|se, die

halbe; —

Schuh, der; **Halb-**; **Lack-**

verdammter; —

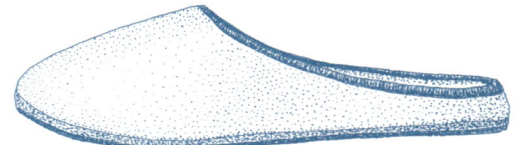

Pan|tof|fel, der; -**held**

elender; —

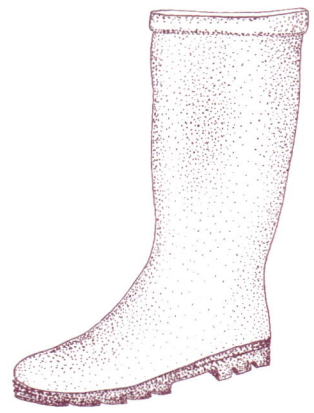

Stie|fel, der; **Stink-**

verdammter; —

■ Nerv-raubende

■ die Fliegen anziehen

■ die Lärm machen

■ die Spuren oder Flecken
hinterlassen

■ die sekundenschnell in sich
zusammenfallen können

■ die Haare haben

■ Praktische und Nützliche

■ die in diese Kategorie
gehörige

■ Biologisch Abbaubare

*In Anlehnung an die von Jorge Luis Borges verfasste fiktive
chinesische Enzyklopädie, zitiert in «Die Ordnung der Dinge»
von Michel Foucault (1966).*

DANK

Allen, die irgendwie einen Beitrag leisteten,
dass dieses Buch endlich wahr wurde, möchte ich
herzlich danken:

Matthias Vatter, welcher dieses Buch von der ersten Sekunde an machen wollte und sich anschliessend in Geduld übte. Ohne ihn gäbe es dieses Buch nicht.

Anja Vatter für ihre wertvollen Kommentare, den tollen und geduldigen Feinschliff und ihre verlässliche Nähe zu deutschen und österreichischen Beleidigungsquellen.

Balts Nill für seine spontanen Inputs und die genau richtigen Worte zum Geleit – damit hat er dieses Buch bereichert.

Anouk für den wunderbaren und einzig richtigen Titel – Maledicta.

Martina, Dominic, Frederic und **Urs** für ihre Meinungen, Entscheidungshilfen und alle bestärkenden Worte.

Stefan für seine unendlich geduldige Beratung.

Karoline Schreiber für Ihre tolle Begleitung bei meiner Bachelorarbeit 2010.

Allen meinen **guten Freunden** und **meiner Familie**, die mein Buch in den vergangenen Jahren nie ganz vergessen haben. Durch ihr Nachfragen haben sie mich stets erinnert, dass in meiner Schublade ein unvollendetes Werk schlummert und mich ermutigt, diese nochmals zu öffnen. Danke.

DANKE

für die finanzielle Unterstützung

Die Idee zu diesem Buch sowie der Prototyp entstanden 2010
an der Hochschule der Künste Bern im Rahmen einer Bachelorarbeit im Studiengang Visuelle Kommunikation unter dem
Mentorat von Karoline Schreiber.

IMPRESSUM

Verlag: vatter&vatter AG, Bern & Berlin
Idee: Flurina Schuler
Grafik & Illustration: Flurina Schuler
Geleitwort: Balts Nill
Korrektorat: Anja Vatter

Druck: Odermatt AG, Dallenwil
Schrift: GT Sectra

vatterundvatter.ch
vatterundvatter.de
flurinaschuler.com